DESCRIPTION

DES

OBÉLISQUES DE LOUQSOR

FIGURÉS SUR LES PLACES DE LA CONCORDE ET DES INVALIDES,

ET PRÉCIS

DES OPÉRATIONS RELATIVES AU TRANSPORT D'UN DE CES
MONUMENS DANS LA CAPITALE; LU A LA SÉANCE
PUBLIQUE DE L'INSTITUT, DU 5 AOUT 1832,
PAR M. ALEXANDRE DELABORDE, ET
AUGMENTÉ DE NOUVEAUX
RENSEIGNEMENS,

PARIS,

Chez BOHAIRE, Boulevart des Italiens.

1833.

(Prix : 25 centimes.)

PETIT OBÉLISQUE DE LOUQSOR

[Côté du nord-est],

Tel qu'il s'est présenté à la vue, lorsque sa base fut
découverte.

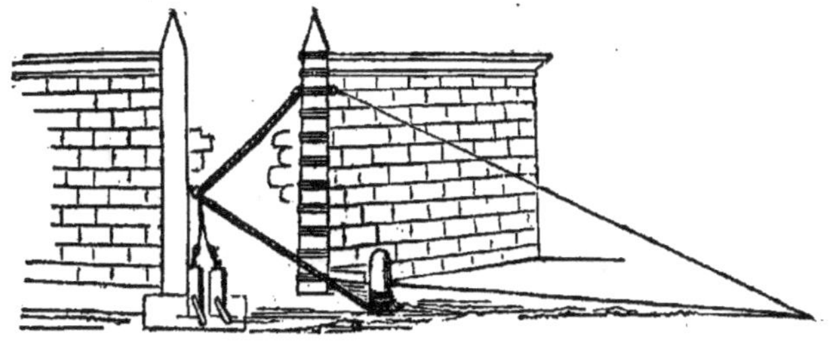

DESCRIPTION

DES

OBÉLISQUES DE LOUQSOR.

« Leur masse indestructible a fatigué le téms. »

DELILLE.

LES plus anciens, les plus surprenans, peut-être, des monumens de l'antiquité, vont s'élever au milieu de la capitale.
L'imitation qu'on vient d'en faire n'en donne qu'une faible idée.
Grandeur et élégance, beauté de la matière et perfection du
travail, tout se trouve réuni dans ces monolithes géants de
soixante-quinze pieds de haut, dans ces signes immortels de
la gloire et du génie de Sésostris.

A leur aspect, on se demandera quels sont les hommes qui ont tiré des carrières des masses aussi gigantesques; dans quel but et par quels moyens; que veulent dire ces emblèmes mystérieux, ces caractères magiques, comme dit Lucain, qui couvrent leurs parois; comment surtout ces chefs-d'œuvre des arts sont-ils parvenus aussi intacts parmi nous. C'est à ces différentes questions que nous allons chercher à répondre.

Tous les peuples ont eu des temples et des palais; le sanctuaire de la Divinité et l'habitation des rois ont toujours été distingués des demeures particulières; mais les Égyptiens seuls ont placé devant ces édifices de grands signaux qui en faisaient connaître la destination. Tel était le but des obélisques, sorte de pyramides élancées, de colonnes à pans coupés en forme d'aiguilles, sur lesquels étaient gravés le nom du souverain qui avait élevé l'édifice, et du dieu auquel il était consacré.

Les formules à cet égard, qui nous ont été transmises par Hermapion, le dernier des Grecs qui paraît avoir eu connaissance de la langue hiéroglyphique, sont d'accord avec l'interprétation nouvelle qu'en a donnée l'illustre auteur de la Grammaire égyptienne, M. Champollion, enlevé naguère à la reconnaissance du monde savant.

Les obélisques sont donc des monumens essentiellement historiques et sacrés; et c'est sans doute sous ce double rapport, et en considération également de leur beauté, qu'ils ont été si long-tems respectés.

Lorsque le féroce Cambyse renversa les monumens de l'Égypte, sa fureur sembla s'arrêter devant les obélisques, et il fit cesser à Thèbes l'incendie avant qu'il pût les atteindre.

Auguste alla plus loin : il conçut l'idée de les transporter dans la capitale du monde. Ayant trouvé Rome bâtie en briques, et voulant la laisser en marbre, ainsi qu'il le disait, il dut chercher à l'embellir encore par une nouvelle pierre jusqu'alors inconnue, le granit, qui réfléchissait, disait-on, les rayons du soleil, et semblait parsemé de gouttes d'or.

Un vaisseau immense fut construit à cet effet, et rapporta d'Alexandrie deux obélisques qui furent placés, l'un dans le Grand-Cirque, l'autre dans le Champ-de-Mars. Ce fut sans doute à cette occasion que les Romains durent rechercher comment les Égyptiens avaient pu tirer des carrières, transporter, élever si facilement des blocs d'une si énorme dimension : mais ce fut en vain, ils n'en retrouvèrent plus la trace ; la tradition même en était perdue depuis long-tems.

L'architecte de Ptolémée-Philadelphe ne trouva d'autre moyen, pour parvenir à transporter un des obélisques de Thèbes à Alexandrie, que de creuser un canal à partir du Nil, jusqu'au-dessous du monument. Là, deux bateaux, à moitié submergés par un poids double de celui du monolithe, et déchargés bientôt de moitié de leur poids, soulevèrent l'obélisque renversé, et le transportèrent par un moyen, comme on le voit, aussi long que dispendieux.

Diodore de Sicile parle de plans inclinés, de montagnes factices qui servaient à élever les différentes assises de pierres ; c'est ainsi que plusieurs peuples de l'Orient, peu avancés dans les arts, parviennent aujourd'hui encore à soulever de pesans fardeaux.

Enfin, on peut ranger dans le nombre des fables le rapport de Pline, qui suppose qu'il fallut l'emploi de vingt mille hommes pour élever un des obélisques ; et qu'on attacha le fils du roi au sommet, afin de donner aux ouvriers plus de courage ou plus d'adresse. C'est faire outrage aux Égyptiens, déjà si avancés dans les arts mécaniques, ainsi que le prouvent les tableaux représentés sur leurs tombeaux, que de les réduire à d'aussi faibles moyens. Non seulement ils soulevaient avec facilité de semblables monumens, dont le plus grand ne pesait pas sept cent milliers, mais des temples entiers d'une seule pièce, tels que ceux de Saïs et de Butos, du poids énorme de six à huit millions de livres.

A l'exemple d'Auguste, Caligula transporta à Rome un troisième obélisque; et le navire, ou radeau, dont il se servit, était tellement vaste, qu'il suffit, sous l'empereur Claude, à la fondation d'un des côtés du port d'Ostie.

Ces obélisques n'étaient cependant pas les plus élevés, et l'on semblait avoir reculé devant la difficulté de remuer les autres.

Constantin voulut, à cet égard, surpasser ses prédécesseurs, et transporter à Byzance un des grands obélisques de Thèbes. Il réussit à le transporter à Alexandrie, mais à sa mort, son fils Constance, changeant sa destination, fit construire, pour le transférer à Rome, un radeau plus grand que tout ce qui avait été imaginé jusqu'alors; il était conduit par trois cents rameurs, et le mât principal ne pouvait être embrassé par deux hommes.

Il parvint heureusement jusqu'au bord du Tibre; mais c'est alors qu'on put juger de l'imperfection des arts mécaniques à Rome à cette époque, par les efforts inouis qu'il fallut employer pour le mouvoir.

On éleva, dit Ammien Marcellin, avec les plus grands dangers, une charpente de hautes poutres qui ressemblaient à un bois : les solives, les cordes, les câbles, obscurcissaient le ciel; et c'est au milieu de cet appareil que s'éleva cette montagne couverte d'écritures, dit-il, sous les efforts de plusieurs milliers d'hommes.

L'érection d'un autre obélisque, quelque tems plus tard, sous le règne de Théodose, à Constantinople, suppose encore moins d'habileté ; on mit trente-deux jours à l'élever. L'appareil dont on se servit, sculpté sur le piédestal, présente une plate-forme circulaire, qu'on a prise pour une roue, mais qui n'est évidemment que l'image d'un plan incliné, sur lequel l'obélisque s'appuie et s'élève par l'action d'un petit nombre de cabestans.

Ces moyens imparfaits prouvent suffisamment qu'on avait perdu toute tradition de la science égyptienne.

L'invasion des peuples barbares vit ensevelir les obélisques de Rome avec ses autres monumens, et huit siècles s'écoulèrent avant qu'on ne songeât à les relever de la poussière, avant qu'en effet Rome redevînt la capitale du monde civilisé.

Sixte-Quint eut le premier la pensée de redresser l'obélisque de Caligula : il mit cette entreprise au concours, plusieurs projets furent présentés ; celui de Fontana eut la préférence ; mais quel projet ! la répétition de la scène décrite par Ammien Marcellin. L'emploi exagéré de huit cents hommes, de quatre-vingts chevaux, de cent cabestans, d'une forêt de charpentes, triple de la force nécessaire ; opération cependant qui passa pour merveilleuse, et que vingt grandes estampes ont transmise à la postérité.

Depuis cette époque, il ne fut plus question d'obélisques ; on se borna à l'imitation imparfaite de quelques-uns de ces monumens en plusieurs assises, ce qui en changeait tout-à-fait le caractère.

L'Égypte, depuis dix siècles, était retombée dans la barbarie, et à peine quelques voyageurs pouvaient-ils pénétrer sur

cette terre où Pythagore et Platon étaient allés demander des inspirations au génie des sciences, lorsqu'un grand homme entreprit de lui rendre l'existence et la gloire. Son armée triomphante, après avoir salué par une victoire les Pyramides, s'avança vers Thèbes; mais là elle s'arrêta tout-à-coup, et battit des mains à la vue des admirables monumens qu'elle aperçut. Dans son enthousiasme, elle aurait voulu pouvoir les transporter tous dans la capitale avec les drapeaux des ennemis qu'elle venait de vaincre, ou du moins en présenter quelques fragmens à l'admiration publique; mais la guerre avec l'Angleterre interceptait toute communication. Trente ans se sont écoulés depuis la prise de possession de cette terre célèbre, et rien de grand ne serait resté de cette expédition, si l'idée n'était venue enfin de transporter en France un des obélisques. A qui appartient cette idée? Nombre de personnes distinguées se la disputent; mais l'honneur principal est à ceux qui, si habilement, si heureusement, viennent de la mettre à exécution, et la marine française en réclame tout le mérite.

Les difficultés étaient grandes; il fallait d'abord construire un bâtiment qui fût assez spacieux pour contenir l'obélisque, assez profond pour tenir la mer, et cependant tirant assez peu d'eau pour descendre et remonter des rivières telles que le Nil et la Seine. A la demande de l'auteur de cet écrit, M. Besson, officier de la marine française et directeur de l'arsenal d'Alexandrie, envoya le modèle d'un énorme radeau, sur lequel on aurait fait descendre les obélisques depuis Thèbes jusqu'à la mer, et qui aurait été ensuite remorqué par un bateau à vapeur.

Ce projet, soumis à une commission spéciale en 1829 (1),

---

(1) Elle était composée de MM. Tupinier, Makau, Biet, Delaborde, Taylor, Livron.

ne fut pas adopté, et il fut décidé que l'on contruirait à Toulon même le bâtiment de transport, qui fut appelé *le Louqsor,* nom d'un village qui couvre les ruines de Thèbes. M. Verninac, lieutenant de vaisseau, en eut le commandement, et les opérations concernant l'abattage et le transport du monument furent confiés à M. Lebas, ancien élève de l'École-Polytechnique et ingénieur de la marine. Tous les deux s'acquittèrent de leur mission avec autant d'habileté que de persévérance.

Au mois de mars 1831, ce navire partit de Toulon, et arriva promptement à Alexandrie. Mais c'est lorsqu'il fallut remonter le Nil que les difficultés commencèrent; il lui fallut, comme au coude de Panapolis, cinquante heures pour faire une lieue, sous une chaleur de 38 degrés de Réaumur. Tous les cordages d'amarre, toutes les embarcations pour les remorques furent détruits dans ce pénible trajet, et au dernier coude du fleuve, à cinq lieues de Thèbes, il ne restait plus qu'un seul canot qui tînt l'eau, et que deux cordages appelés *aussières* presque réduits en étoupes. Enfin, ils arrivèrent vis-à-vis du palais de Luxor, situé sur une butte factice, à une petite distance du Nil.

La première chose qu'ils firent à leur arrivée fut de déblayer les obélisques, de découvrir leur socle enterré à une assez grande profondeur. Ils aperçurent alors les deux monumens dans tout leur ensemble, et tel qu'il est à désirer de les posséder parmi nous.

Ils sont tous les deux d'un travail admirable et d'une parfaite conservation : le plus grand a vingt-cinq mètres ou soixante-quinze pieds de hauteur; l'autre est plus petit de trois pieds. Pour dissimuler autant que possible cette différence, on a placé le plus petit en avant de l'autre et sur un socle plus élevé ; trois rangées verticales d'hiéroglyphes couvrent les faces de ces deux monumens. La rangée du milieu est creusée à la profondeur de quinze centimètres ; les deux autres sont à peine taillées, et cette différence de relief varie le reflet et le jeu des ombres. Les cartouches multipliés sur les quatre faces présentent tous le nom et le prénom de Rhamessès ou Sésostris , et contiennent ses louanges et le récit de ses travaux.

Le socle nouvellement mis à découvert présente sur la partie nord - est et sud - ouest les figures de quatre singes cynocéphales, portant sur leur poitrine la même légende de Rhamessès : *Chéri d'Amon, approuvé du Soleil*, etc. , etc. , que l'on retrouve encore sur la base même du monument.

Il est difficile d'assigner l'époque juste et le rang de ce souverain dans la liste des principaux pharaons des dynasties égyptiennes ; mais il est certain que c'est le même guerrier dont les conquêtes, retracées sur les monumens de la Haute-Égypte et la Nubie, s'étendirent à la Syrie, l'Éthiopie et même la Grèce. D'après un passage de Tacite, on ne peut douter de l'identité de ce Rhamessès avec le Sésostris d'Hérodote et de Strabon, et le premier roi de la dix-neuvième dynastie de Manethon. Son portrait (*vignette du titre*), son costume, ses nom et prénoms, se retrouvent sur les plus grands monumens , et principalement ceux d'Ipsamboul et de Derri.

La différence de dimension des deux obélisques a dû provenir de la difficulté d'extraire simultanément de semblables masses d'une seule carrière, celle de Syenne qui renferme le plus beau granit rose. Il fallait d'abord trouver dans les montagnes une masse de granit, sans fissures et sans défauts, de quatre-vingt-dix pieds de longueur sur environ douze de largeur ; il fallait dégager cette masse de la carrière, et la mouvoir sans briser son fût si délié, et sans même altérer ses arrêtes. Une semblable opération ne pouvait réussir constamment, et c'est une partie des difficultés qu'elle entraînait que

M. Lebas dût également surmonter, avec un manque de ressources de tout genre, en bois, fer, cordages ; dans un pays presque désert, sous un soleil brûlant, auquel se joignit le fléau du Cholera.

M. Lebas choisit le plus petit des obélisques, comme étant d'une conservation plus parfaite et d'un transport plus facile ; et cependant il estime qu'il pèse deux cent cinquante mille kilogrammes ; il fallut d'abord pratiquer un chemin, ou plan incliné, depuis l'obélisque à transporter jusqu'au navire *le Louqsor*, et pour cela trancher deux monticules d'antiques décombres, et démolir la moitié du village qui se trouvait sur la route ; ces tranchées ont demandé le travail de huit cents hommes pendant trois mois. On procéda alors à l'abattage, et, pour y parvenir, M. Lebas se servit d'un moyen aussi simple qu'ingénieux, et qui prouve notre supériorité dans les conceptions mécaniques sur ceux qui nous ont précédées. L'opération eut lieu par un simple câble d'abattage tenant au haut de l'armature de l'obélisque, et fixé à une ancre très-forte à cent cinquante mètres du monument. Ce câble d'abattage était retenu, en sens opposé, par une poutre assujétie à un fort point de soutènement d'où partait le mouvement. (*Voyez la vignette en tête de la page 3.*)

Le monolithe tournait en s'appuyant sur une pièce de chêne encastrée sous la base, pour préserver son arréte inférieure.

Ce cylindre, de vingt centimètres de rayon, a supporté pendant vingt-cinq minutes une pression de cinq cents milliers, sans éprouver la moindre altération. Huit hommes, placés sur les apparaux de retenue, accéléraient ou retardaient, à volonté, la chute du monument, qui est resté suspendu pendant deux minutes sous un angle de trente degrés, et s'est enfin abaissé doucement sur la cale de halage, aux acclamations des habitans et des voyageurs accourus de tous les environs. Les détails de cette opération, que le peu d'étendue de cette Notice ne permet pas d'énoncer, mais dont la vignette ci-dessous donnera une idée : et les précautions qui furent prises, montrent, de la part de son auteur, une grande sagacité.

Il en fut de même de la seconde opération, celle de l'embarquement, qui eut lieu le lendemain. L'obélisque n'étant plus qu'à un mètre de distance de l'étrave du bâtiment, on avait séparé, par un trait de scie, une partie de l'avant du navire. L'ingénieur fit suspendre cette tranche sur deux poutres, mâtées en croix de Saint-André, et le monolithe fut embarqué après une heure et demie de halage, en passant par-dessous. L'avant du bâtiment fut alors remis en place, et toutes les parties se sont si bien raccordées, que le trait de scie était moins prononcé qu'avant l'extraction de la tranche.

La dernière opération, moins difficile que les autres, mais plus hasardeuse, consistait à traverser la Méditerranée, l'Océan orageux, et à parvenir sans encombre sur les côtes de France. Cette dernière entreprise a réussi jusqu'à présent au gré des amis des arts, le *Louqsor* arrivé à Toulon en est reparti sur-le-champ, et on sait, aujourd'hui, qu'après s'être arrêté à Gilbraltar pour renouveler l'approvisionnement de charbon, il a repris la mer le 3 juillet et les premières nouvelles nous apprendront, sans doute, son arrivée au Havre pour, de là, remonter la Seine jusqu'à Paris.

Nous verrons alors le génie de la science qui l'aura transporté, s'employer à l'élever avec une égale facilité. On connaît l'appareil ingénieux qu'un architecte français, M. de Montverrand, vient d'imaginer pour élever sur une place de Saint-Pétersbourg, une colonne de granit, haute de quatre-vingt-huit pieds d'un seul bloc et pesant un million cinq cent mille livres, c'est-à-dire trois fois autant que l'obélisque. C'est une simple plate-forme sur laquelle a été élevé un échafaud, tenant l'armature de la colonne par huit mouffles de fer à quatre places différentes, et le calcul de ces forces ne permet pas de douter de leur facile application à l'obélisque de Luxor.

Il s'agit actuellement de décider quelle sera la place qu'on assignera à ce chef-d'œuvre de l'antiquité. Cette question a été agitée, même à la tribune législative, et nous avons été d'avis qu'il ne pouvoit être mieux que sur la place de la Concorde; l'opinion est aujourd'hui consultée à ce sujet, et la population entière appelée comme jury à se prononcer : usons donc nous-mêmes de ce droit, nous pensons que si on possédait le second obélisque, il eût peut-être été convenable de les rendre tous les deux à leur véritable destination, de les placer comme signes indicatifs en avant de quelque grand édifice tel que le Panthéon consacré à nos gloires nationales

ou le Louvre qui renferme les chefs-d'œuvre des arts et l'habitation des Rois.

Mais si nous ne possédons qu'un seul de ces monumens et il
faudra toujours deux ans pour se procurer le second, où pour-
rait-il être mieux aperçu, mieux étudié que sur la plus grande,
la plus belle de nos places où l'on ne devrait chercher à rap-
peler que de glorieux souvenirs.

On voit déjà, par son peu d'épaisseur, que, loin de couper
désagréablement ou de cacher les édifices dont il est entouré,
il contribuera à leur ensemble, à leur ornement ; qu'il leur
servira de centre, de point de mire, d'accompagnement, et
sa couleur brillante se détachera de tout côtés sur le fond gris
et blanc de l'architecture dans nos climats froids. Il sera surtout à son avantage lorsque la place sera débarassée des fossés,
des mauvais petits pavillons qui l'encombre, et qu'il s'élè-
vera entre quatre fontaines monumentales qui compléteront
ce bel ensemble.

Sans doute de graves objections peuvent être faites à ce sys-
tème. Les obélisques, dit-on, ne sont point destinés à être
isolés. J'en conviens ; mais il faut ici distinguer les idées qu'on
attachait à ces monumens à différentes époques. Lorsque les
Égyptiens les placèrent devant leurs temples, ils n'étaient
alors pour ce peuple d'imagination gigantesque qu'une faible
partie de leurs énormes constructions. Les obélisques de Luxor
précédaient un pylone de leur hauteur et couvert de sculpture,
qui donnait entrée à des rangées de colonnes de granit de douze
pieds de diamètre. Depuis que le génie des arts a réduit les
monumens à de moindres proportions, mais plus parfaites, tels
que les édifices d'Athènes et de Rome, on considéra alors les
obélisques en eux-mêmes, et on leur trouva une beauté assez
spéciale dans leur matière et leur travail, pour mériter d'être
placés isolément, et c'est ainsi qu'ils le furent aux deux époques

les plus remarquables dans les arts, le siècle d'Auguste et celui de la renaissance. Parmi une vingtaine d'obélisques que les Romains firent venir d'Égypte, quatre seulement, et les plus petits, furent placés devant des édifices, deux devant le temple d'Isis et deux devant le tombeau d'Auguste, et long-tems après sa mort. Les autres furent tous isolés, et il en a été de même dans la Rome moderne, on les éleva sur les places de Saint-Pierre, de la Porte-du-Peuple, de Monte-Citorio, et nulle part ils ne nuisent aux édifices qui les entourent. L'obélisque de Théodose à Constantinople, a conservé également la place qu'il occupait, aujourd'hui l'Atmeïdan.

Nous pensons donc qu'on a bien choisi le lieu qui convient à ces monumens; mais on a mieux choisi encore le jour où on voulait en présenter l'image. Ce fut une idée heureuse d'offrir aux regards les obélisques de Sésostris en même tems que d'inaugurer la colonne de Napoléon; d'honorer ainsi la mémoire des deux plus grands guerriers des tems anciens et modernes, en leur consacrant les monumens mêmes qu'ils ont élevés : digne hommage rendu par un grand peuple au sentiment qui l'anima si long-tems; au sentiment de la gloire, désormais inséparable dans son cœur de celui de la liberté!

IMPRIMERIE DE A. HENRY, rue Gît-le-Cœur, n° 8.